AF206717

Impressum
Verlag: BABADADA GmbH, Nedderfeld 112 , 22529 Hamburg
Geschäftsführer / Verlagsleitung: Harald Hof
Druck: Books on Demand GmbH, In de Tarpen 42, 22848 Norderstedt

Imprint
Publisher: BABADADA GmbH, Nedderfeld 112 , 22529 Hamburg, Germany
Managing Director / Publishing direction: Harald Hof
Print: Books on Demand GmbH, In de Tarpen 42, 22848 Norderstedt

l'école
škola

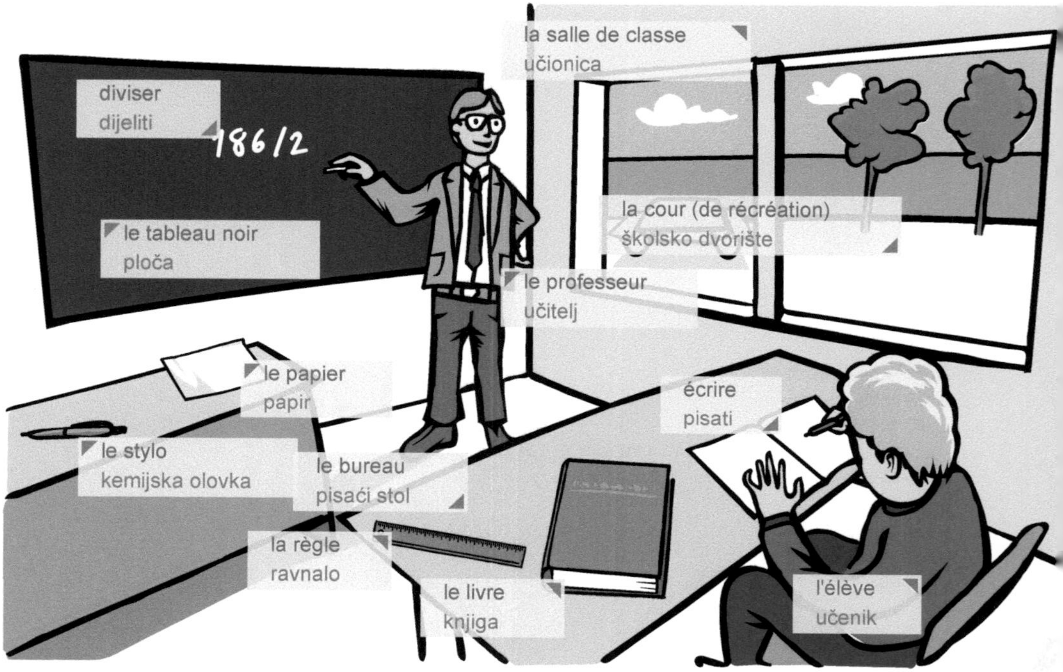
la salle de classe
učionica
diviser
dijeliti
186/2
le tableau noir
ploča
la cour (de récréation)
školsko dvorište
le professeur
učitelj
le papier
papir
écrire
pisati
le stylo
kemijska olovka
le bureau
pisaći stol
la règle
ravnalo
le livre
knjiga
l'élève
učenik

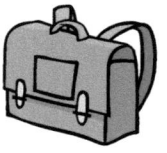

le cartable
torba

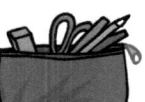

la trousse
pernica

le crayon
grafitna olovka

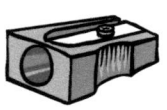

le taille-crayon
šiljilo za olovke

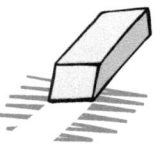

la gomme
gumica za brisanje

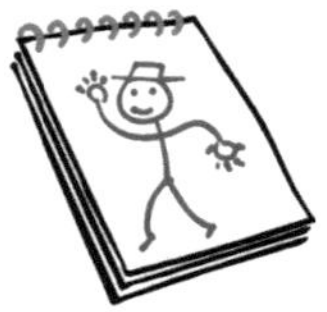

le carnet à dessin
blok za crtanje

le dessin

crtež

le pinceau

kist

la boîte de peinture

kutija s bojama

les ciseaux

makaze

la colle

ljepilo

le cahier d'exercices

bilježnica

les devoirs

domaći zadatak

le chiffre

broj

additionner

sabirati

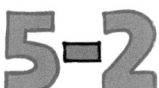

soustraire

oduzimati

multiplier

množiti

calculer

računati

la lettre

slovo

l'alphabet

abeceda

hello

le mot

riječ

l'école - škola

le texte

tekst

lire

čitati

la craie

kreda

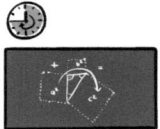

la leçon

sat

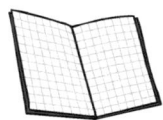

le livre de classe

dnevnik

l'examen

ispit

le certificat

svjedodžba

l'uniforme scolaire

školska uniforma

la formation

obrazovanje

le lexique

leksikon

l'université

sveučilište

le microscope

mikroskop

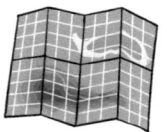

la carte

karta

la corbeille à papier

košara za papir

le voyage
putovanje

l'hôtel
hotel
Grand
l'auberge
prenoćište
ROOMS
le bureau de change
mjenjačnica
CHANGE
la valise
kofer
la voiture
auto

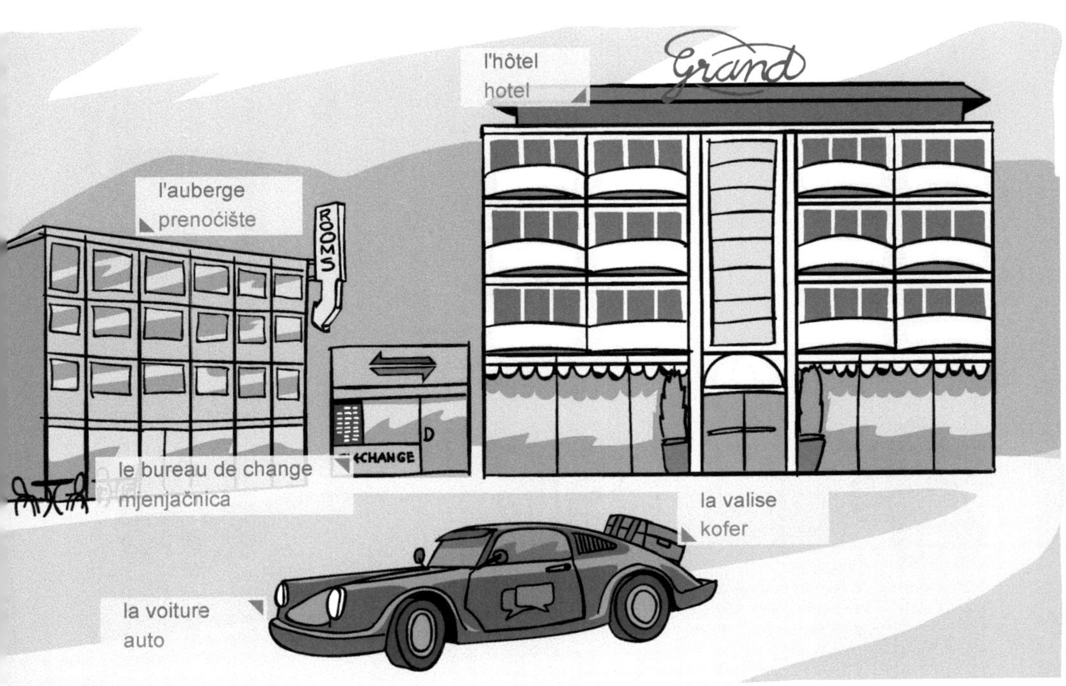

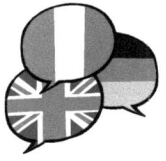

la langue

jezik

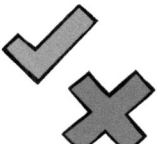

oui / non

da / ne

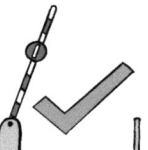

d'accord

okay

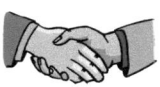

Salut

zdravo

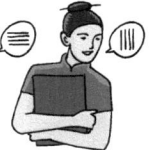

l'interprète

prevoditelj

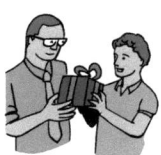

merci

hvala

Combien coûte...?

Koliko košta...?

Je ne comprends pas

ne razumijem

le problème

problem

Bonsoir !

dobro veče!

Bonjour !

Dobro jutro!

Bonne nuit !

Laku noć!

Au revoir

doviđenja

la direction

smjer

les bagages

prtljaga

le sac

torba

le sac-à-dos

ruksak

l'hôte

gost

la pièce

soba

le sac de couchage

vreća za spavanje

la tente

šator

l'office de tourisme

turističke informacije

la plage

plaža

la carte de crédit

kreditna kartica

le petit-déjeuner

doručak

le déjeuner

ručak

le dîner

večera

le billet

karta za vožnju

l'ascenseur

dizalo

le timbre

poštanska markica

la frontière

granica

la douane

carina

l'ambassade

ambasada

le visa

viza

le passeport

putovnica

le transport
transport

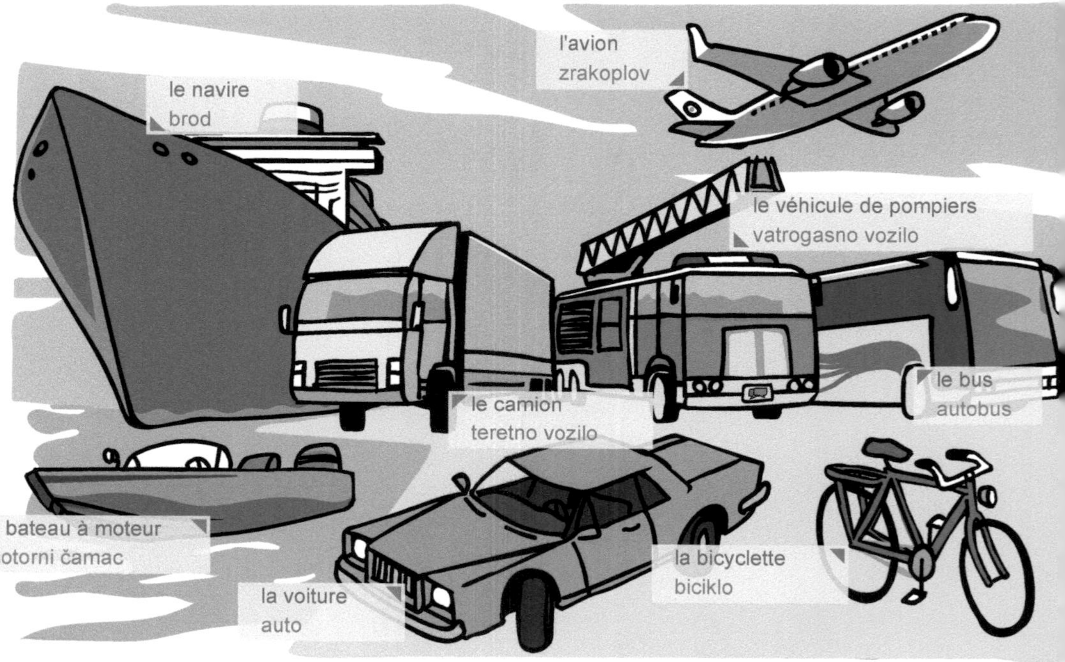
l'avion
zrakoplov
le navire
brod
le véhicule de pompiers
vatrogasno vozilo
le bus
autobus
le camion
teretno vozilo
bateau à moteur
otorni čamac
la bicyclette
biciklo
la voiture
auto

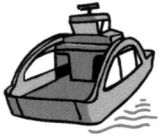

le ferry

trajekt

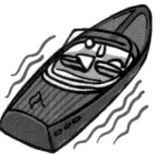

la barque

čamac

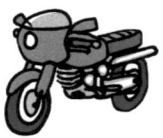

la moto

motocikl

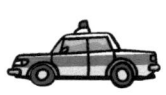

la voiture de police

policijski auto

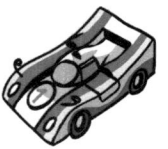

la voiture de course

trkaći auto

la voiture de location

iznajmljeno auto

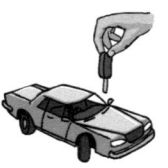

l'auto-partage

dijeljenje automobila

la voiture de remorquage

vučno vozilo

la benne à ordures

vozilo za odvoz smeća

le moteur

motor

l'essence

benzin

la station d'essence

benzinska postaja

le panneau indicateur

prometni znak

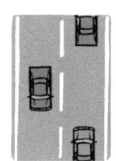

le trafic

promet

l'embouteillage

zastoj

le parking

parkiralište

la gare

kolodvor

les rails

šine

le train

vlak

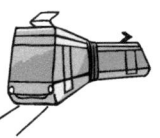

le tramway

tramvaj

le wagon

vagon

l'hélicoptère

helikopter

l'aéroport

zrakoplovna luka

la tour

toranj

le passager

putnik

le conteneur

kontejner

le carton

karton

le chariot

kolica

la corbeille

košara

décoller / atterrir

uzletjeti / sletjeti

la ville
grad

le village

selo

le centre-ville

centar grada

la maison

kuća

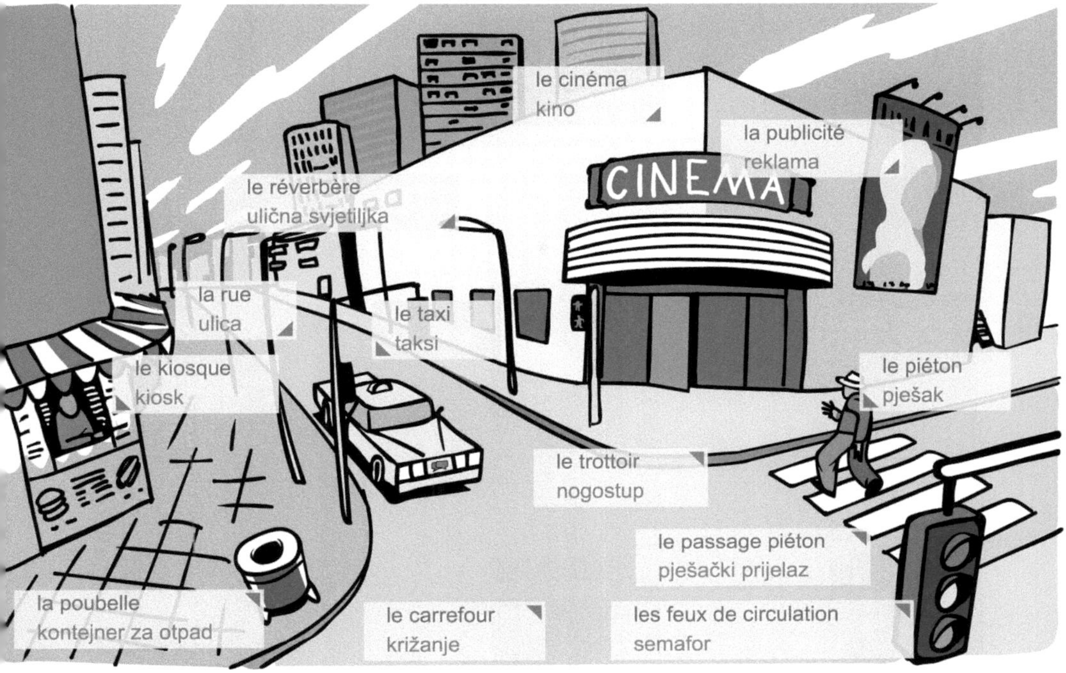

le cinéma
kino

la publicité
reklama

le réverbère
ulična svjetiljka

CINEMA

la rue
ulica

le taxi
taksi

le kiosque
kiosk

le piéton
pješak

le trottoir
nogostup

le passage piéton
pješački prijelaz

la poubelle
kontejner za otpad

le carrefour
križanje

les feux de circulation
semafor

la cabane
koliba

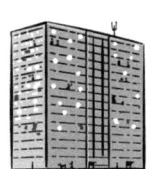

l'appartement
stan

la gare
kolodvor

la mairie
vijećnica

le musée
muzej

l'école
škola

l'université
sveučilište

la banque
banka

l'hôpital
bolnica

l'hôtel
hotel

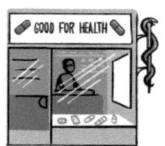

la pharmacie
ljekarna

le bureau
ured

la librairie
knjižara

le magasin
prodavaonica

le fleuriste
cvjećara

le supermarché
supermarket

le marché
trg

le grand magasin
robna kuća

la poissonnerie
ribarnica

le centre commercial
trgovački centar

le port
luka

la ville - grad

le parc

park

la banque

klupa

le pont

most

les escaliers

stepenice

le métro

podzemna željeznica

le tunnel

tunel

l'arrêt de bus

autobusna stanica

le bar

bar

le restaurant

restoran

la boîte à lettres

poštansko sanduče

le panneau indicateur

ulični znak

le parcmètre

parkirni sat

le zoo

zoološki vrt

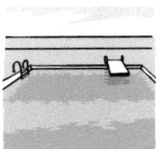

le réverbère

bazen

la mosquée

džamija

la ferme

seosko gazdinstvo

la pollution

zagađenje okoliša

la cimetière

groblje

l'église

crkva

l'aire de jeux

igralište

le temple

hram

le paysage

krajolik

la feuille
list

le panneau indicateur
putokaz

le chemin
put

le pré
livada

la pierre
kamen

le randonneur
šetač

l'arbre
drvo

la rivière
rijeka

l'herbe
trava

la fleur
cvijet

la vallée
dolina

la montagne
planina

le lac
jezero

la forêt
šuma

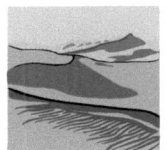

le désert
pustinja

le volcan
vulkan

le château
dvorac

l'arc-en-ciel
duga

le champignon
gljiva

le palmier
palma

le moustique
moskito

la mouche
muha

les fourmis
mrav

l'abeille
pčela

l'araignée
pauk

le coléoptère

buba

la grenouille

žaba

l'écureuil

vjeverica

le hérisson

jež

le lièvre

zec

la chouette

sova

l'oiseau

ptica

le cygne

labud

le sanglier

divlja svinja

le cerf

jelen

l'élan

los

le barrage

nasip

l'éolienne

vjetrenjača

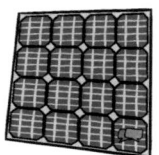

le panneau solaire

solarna ploča

le climat

klima

le serveur
konobar

le menu
jelovnik

la chaise
stolica

la soupe
supa

la pizza
pica

les couverts
pribor za jelo

la nappe
stolnjak

les hors d'œuvre
predjelo

le plat principal
glavno jelo

le dessert
desert

les boissons
napitci

l'alimentation
jelo

la bouteille
boca

le fast-food

fastfood

les plats à emporter

imbis hrana

la théière

čajnik

le sucrier

doza za šećer

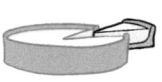

la portion

porcija

la machine à expresso

aparat za espresso

la chaise haute

visoka stolica

la facture

račun

le plateau

pladanj

le couteau

nož

la fourchette

vilica

la cuillère

žlica

la cuillère à thé

čajna žlica

la serviette

ubrus

le verre

čaša

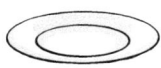

l'assiette

tanjur

l'assiette à soupe

tanjur za supu

la soucoupe

tanjurić

la sauce

sos

la salière

soljenka

le moulin à poivre

mlin za biber

le vinaigre

ocat

l'huile

ulje

les épices

začini

le ketchup

kečap

la moutarde

senf

la mayonnaise

majoneza

le supermarché
supermarket

l'offre promotionnelle
ponuda
FOR
le client
kupac
les produits laitiers
mliječni proizvodi
les fruits
voće
le chariot
kolica za kupnju

BUTCHERS

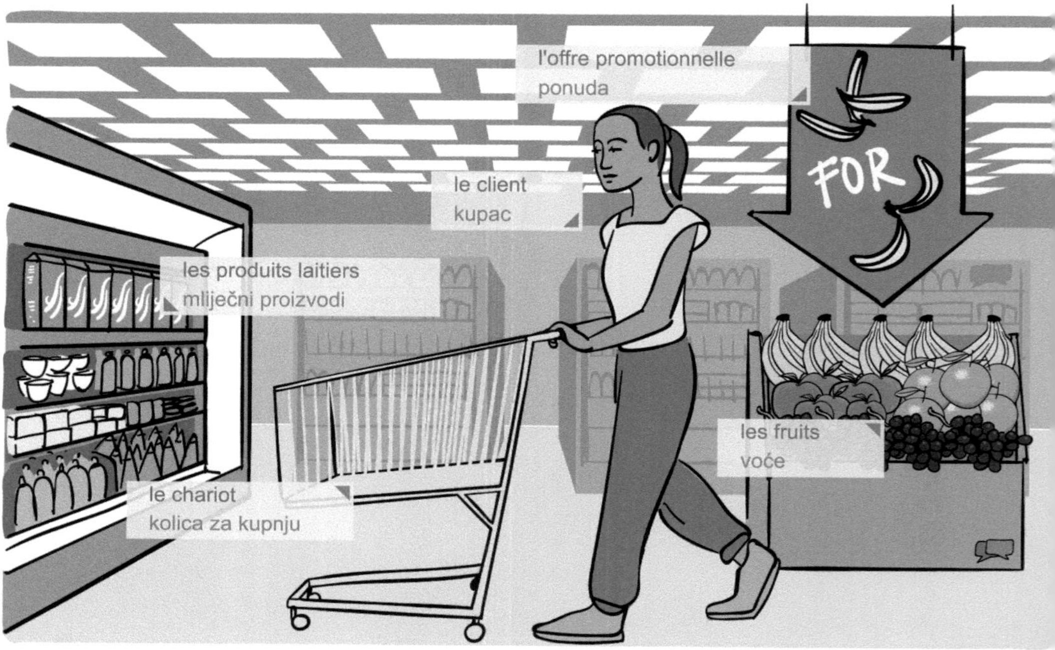

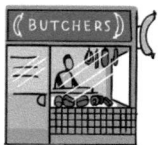

la boucherie

mesnica

BAKERY

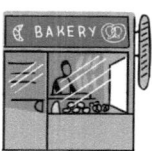

la boulangerie

pekarnica

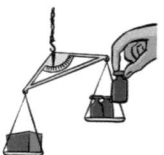

peser

vagati

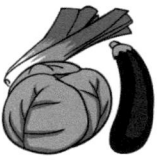

les légumes

povrće

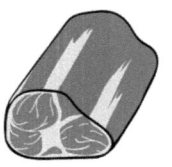

la viande

meso

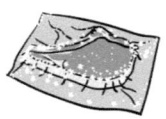

les aliments surgelés

duboko smrznuta hrana

la charcuterie
narezak

les conserves
konzerve

la poudre à lessive
sredstvo za pranje

les bonbons
slatkiši

les articles ménagers
artikli za domaćinstvo

les détergents
sredstva za čišćenje

la vendeuse
prodavačica

la caisse
blagajna

le caissier
blagajnik

la liste d'achats
lista za kupnju

les heures d'ouverture
vrijeme rada

le portefeuille
novčanik

la carte de crédit
kreditna kartica

le sac
torba

le sac en plastique
plastična vrećica

l'eau

voda

le jus de fruit

sok

le lait

mlijeko

le coca

cola

le vin

vino

la bière

pivo

l'alcool

alkohol

le chocolat chaud

kakao

le thé

čaj

le café

kava

l'expresso

espresso

le cappuccino

cappuccino

la banane

banana

la pomme

jabuka

l'orange

naranča

le melon

lubenica

le citron.

limun

la carotte

mrkva

l'ail

češnjak

le bambou

bambus

l'oignon

luk

le champignon

gljiva

les noisettes

orašasti plodovi

les pâtes

rezanci

les spaghetti

špagete

le riz

riža

la salade

salata

les pommes frites

pomfrit

les pommes de terre rôties

pečeni krumpir

la pizza

pica

le hamburger

hamburger

le sandwich

sendvič

l'escalope

šnicla

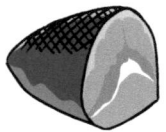

le jambon

pršut

le salami

salama

la saucisse

kobasica

le poulet

kokoš

le rôti

pečenje

le poisson

riba

les flocons d'avoine

zobene pahuljice

le muesli

musli

les cornflakes

kukuruzne pahuljice

la farine

brašno

le croissant

roščić

les petits-pains

pecivo

le pain

kruh

le pain grillé

toast

les biscuits

keksi

le beurre

maslac

le fromage blanc

svježi sir

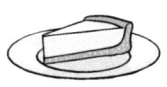

le gâteau

kolač

l'œuf

jaje

l'œuf au plat

jaje na oko

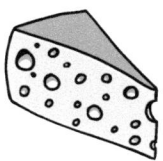

le fromage

sir

la glace

sladoled

le sucre

šećer

le miel

med

la confiture

marmelada

la crème nougat

nugat krema

le curry

curry

la ferme
seosko gazdinstvo

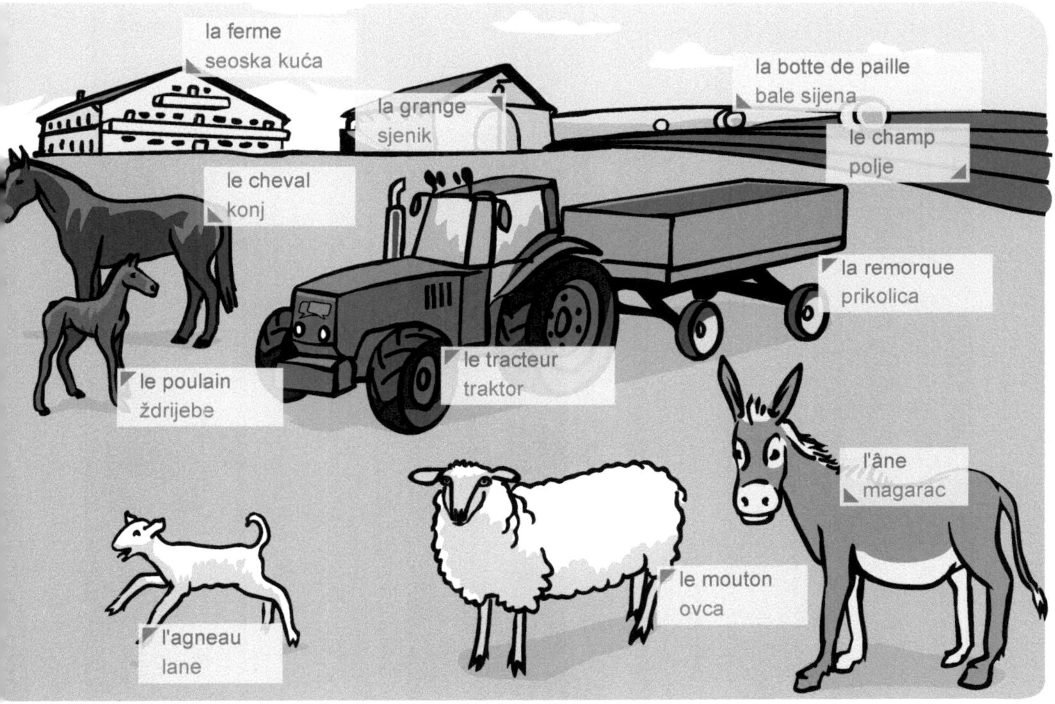

la ferme
seoska kuća
la grange
sjenik
la botte de paille
bale sijena
le champ
polje
le cheval
konj
la remorque
prikolica
le tracteur
traktor
le poulain
ždrijebe
l'âne
magarac
le mouton
ovca
l'agneau
lane

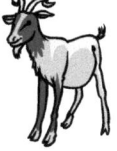

la chèvre
koza

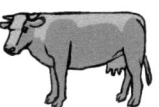

la vache
krava

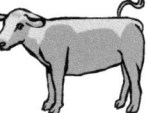

le veau
tele

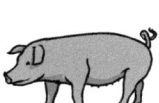

le porc
svinja

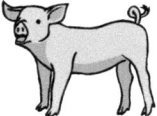

le porcelet
prase

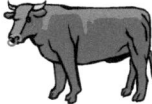

le taureau
bik

l'oie

guska

le canard

patka

le poussin

pilići

la poule

kokoš

le coq

pijetao

le rat

pacov

le chat

mačka

la souris

miš

le bœuf

vol

le chien

pas

le chenil

kućica za psa

le tuyau de jardin

vrtno crijevo

l'arrosoir

kanta za polijevanje

la faucheuse

kosa

la charrue

plug

la faucille

srp

la pioche

motika

la fourche

vilica za gnojivo

la hache

sjekira

la brouette

tačke

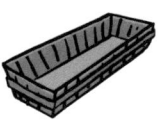

la cuve

korito

le pot à lait

posuda za mlijeko

le sac

vreća

la clôture

ograda

l'étable

štala

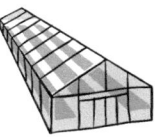

le serre

staklenik

le sol

zemlja

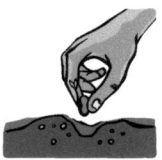

les semences

sjeme

l'engrais

gnojivo

la moissonneuse-batteuse

kombajn

récolter

žanjati

la récolte

žetva

l'igname

yams začin

le blé

pšenica

le soja

soja

la pomme de terre

krumpir

le maïs

kukuruz

le colza

uljana repica

l'arbre fruitier

voćka

le manioc

gomolj manioke

les céréales

žitarice

la maison
kuća

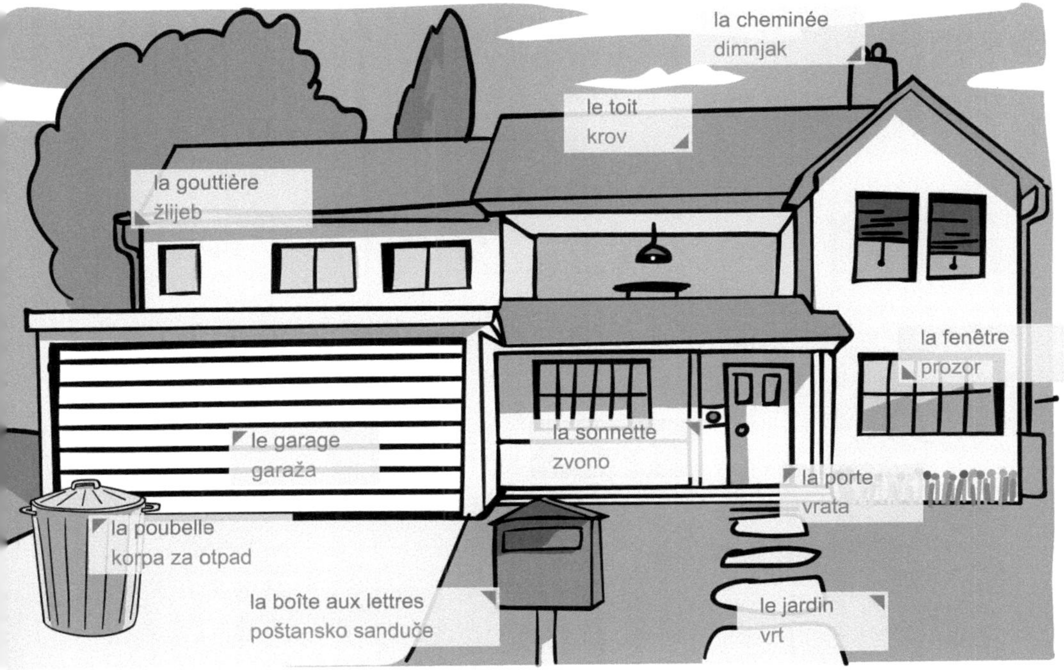
la cheminée
dimnjak
le toit
krov
la gouttière
žlijeb
la fenêtre
prozor
le garage
garaža
la sonnette
zvono
la porte
vrata
la poubelle
korpa za otpad
la boîte aux lettres
poštansko sanduče
le jardin
vrt

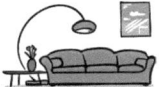

le salon
dnevna soba

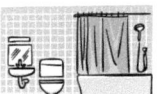

la salle de bain
kupaonica

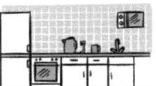

la cuisine
kuhinja

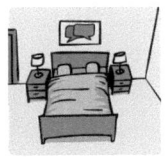

la chambre à coucher
spavaća soba

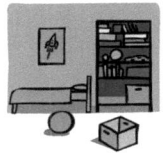

la chambre d'enfant
dječija soba

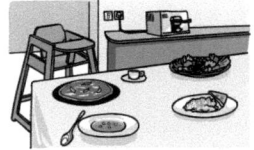

la salle à manger
trpezarija

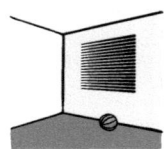

le sol
pod

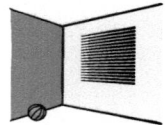

le mur
zid

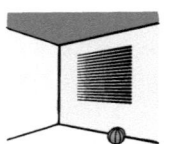

le plafond
strop

la cave
podrum

le sauna
sauna

le balcon
balkon

la terrasse
terasa

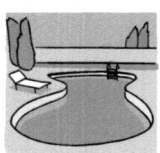

la piscine
bazen

la tondeuse à gazon
kosilica za travu

la housse
posteljina za krevet

la couette
deka za krevet

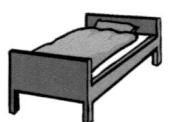

le lit
krevet

le balai
metla

le sceau
kanta

l'interrupteur
sklopka

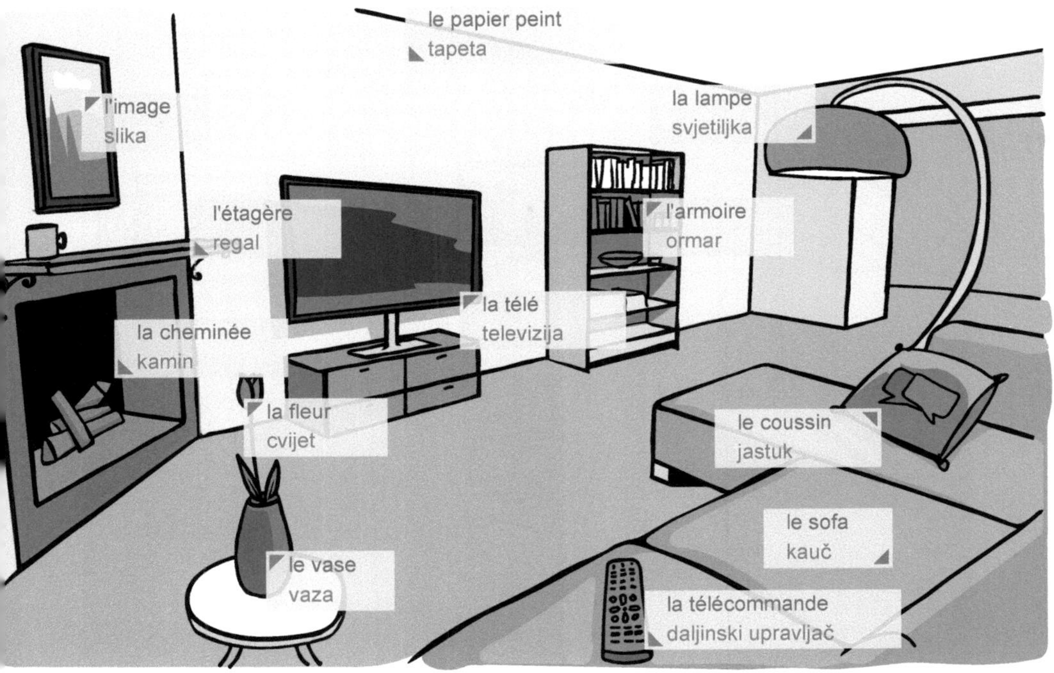

le papier peint
tapeta

l'image
slika

la lampe
svjetiljka

l'étagère
regal

l'armoire
ormar

la télé
televizija

la cheminée
kamin

la fleur
cvijet

le coussin
jastuk

le sofa
kauč

le vase
vaza

la télécommande
daljinski upravljač

le tapis

tepih

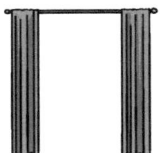

le rideau

zavjesa

la table

stol

la chaise

stolica

la chaise à bascule

stolica za njihanje

le fauteuil

fotelja

le livre
knjiga

la couverture
deka

la décoration
dekoracija

le bois de chauffage
drvo za ogrjev

le film
film

la chaîne hi-fi
stereo uređaj

la clé
ključ

le journal
novine

la peinture
slika na platnu

le poster
poster

la radio
radio

le bloc-notes
blok za pisanje

l'aspirateur
usisavač

le cactus
kaktus

la bougie
svijeća

la cuisine
kuhinja

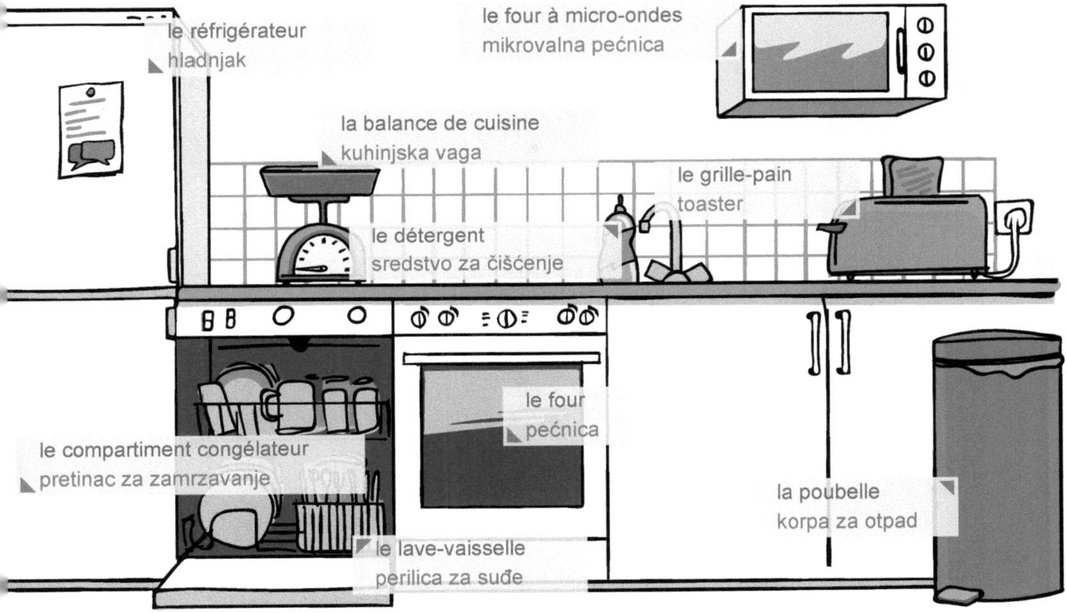
le réfrigérateur
hladnjak
le four à micro-ondes
mikrovalna pećnica
la balance de cuisine
kuhinjska vaga
le grille-pain
toaster
le détergent
sredstvo za čišćenje
le four
pećnica
le compartiment congélateur
pretinac za zamrzavanje
la poubelle
korpa za otpad
le lave-vaisselle
perilica za suđe

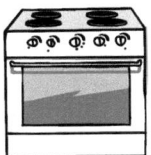

le four

štednjak

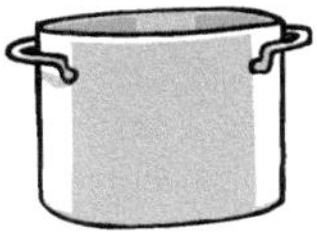

la casserole

lonac

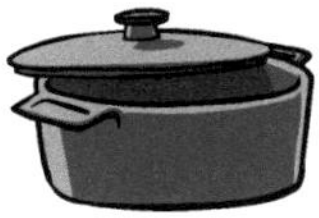

la marmite

željezni lonac

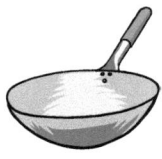

le wok / kadai

wok / kadai

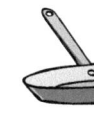

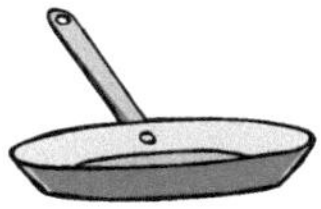

la poêle

tava

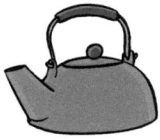

la bouilloire electrique

kuhalo za vodu

le cuiseur vapeur

kuhalo na paru

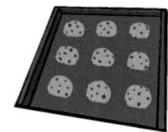

la plaque de cuisson

lim za pečenje

la vaisselle

posuđe

le gobelet

čaša

la coupe

zdjela

les baguettes

štapići za jelo

la louche

kutljača

la spatule

lopatica

le fouet

pjenjača

la passoire

sito za kuhanje

le tamis

sito

la râpe

ribež

le mortier

mužar

le barbecue

roštilj

la cheminée

ognjište

la cuisine - kuhinja

la planche à découper

daska

le rouleau à pâtisserie

oklagija

le tire-bouchon

vadičep

la boîte

konzerva

l'ouvre-boîte

otvarač konzervi

les maniques

krpa za lonac

le lavabo

sudoper

la brosse

četka

l'éponge

spužva

le mixeur

mikser

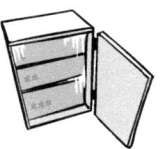

le congélateur

zamrzivač

le biberon

bočica za bebe

le robinet

slavina za vodu

la salle de bain

kupaonica

le chauffage
grijanje
la serviette
ručnik
la douche
tuš
le rideau de douche
zavjesa za tuš
le bain moussant
pjenušava kupka
la baignoire
kada
le verre
čaša
la machine à laver
perilica za rublje
le robinet
slavina za vodu
le carrelage
pločice
le pot
dječja kahlica
le lavabo
sudoper

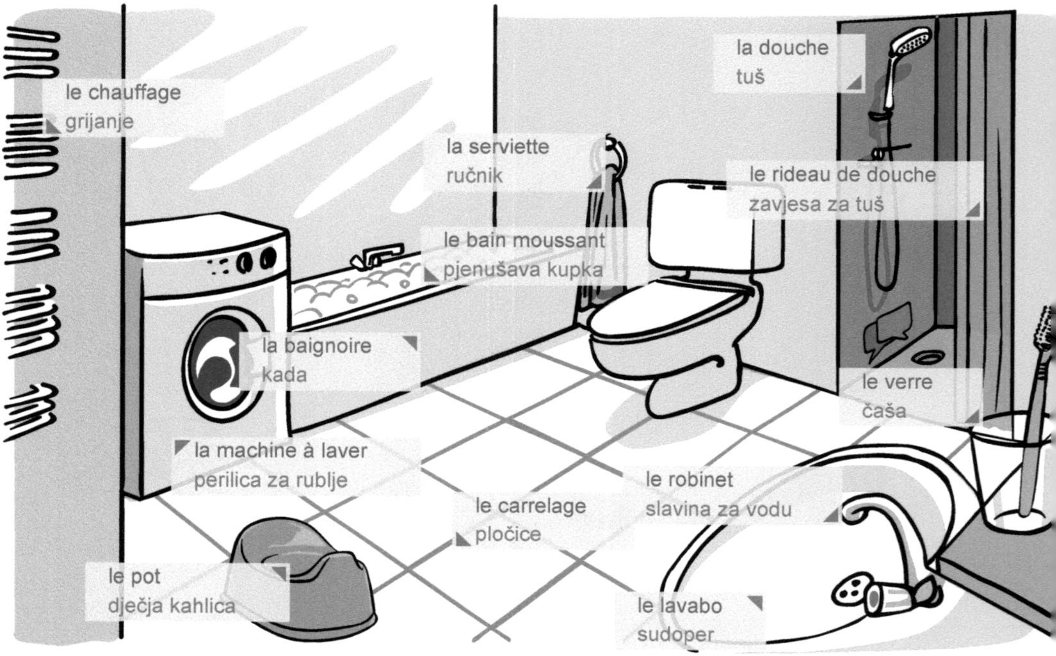

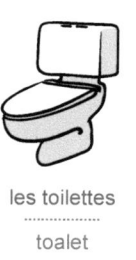

les toilettes

toalet

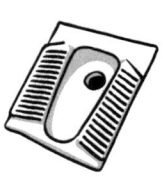

la toilette à la turque

čučavac

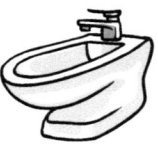

le bidet

bidet

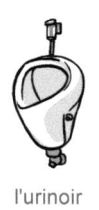

l'urinoir

pisoar

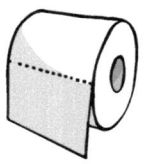

le papier toilette

papir za toalet

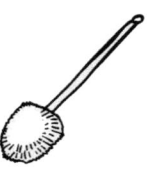

la brosse à toilette

četka za toalet

la brosse à dents

četkica za zube

le dentifrice

pasta za zube

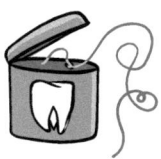

le fil dentaire

konac za zube

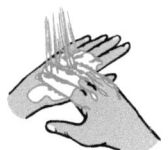

laver

prati

la douche manuelle

tuš ručica

la douche intime

tuš za pranje intimnih dijelova

la vasque

lavor

la brosse dorsale

četka za pranje leđa

le savon

sapun

le gel douche

gel za tuširanje

le shampooing

šampon

le gant de toilette

krpa za pranje

l'écoulement

odvod

la crème

krema

le déodorant

dezodorans

le miroir

ogledalo

le miroir cosmétique

kozmetičko ogledalo

le rasoir

brijač

la mousse à raser

pjena za brijanje

l'après-rasage

losion za poslije brijanja

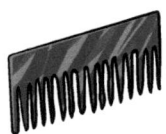

la peigne

češalj

la brosse

četka

le sèche-cheveux

sušilo za kosu

la laque pour cheveux

sprej za kosu

le fond de teint

makeup

le rouge à lèvres

ruž za usne

le vernis à ongles

lak za nokte

l'ouate

vata

le coupe-ongles

škare za nokte

le parfum

parfem

la trousse de toilette

neseser

le tabouret

stolica

le pèse-personne

vaga

le peignoir

ogrtač

les gants de nettoyage

rukavice za čišćenje

le tampon

tampon

les serviettes hygiéniques

uložak

la toilette chimique

kemijski toalet

la chambre d'enfant

dječija soba

le réveil
budilnik
le doudou
plišana igračka
la voiture jouet
auto igračka
le hochet
zvečka
la maison de poupée
kućica za lutke
le cadeau
poklon

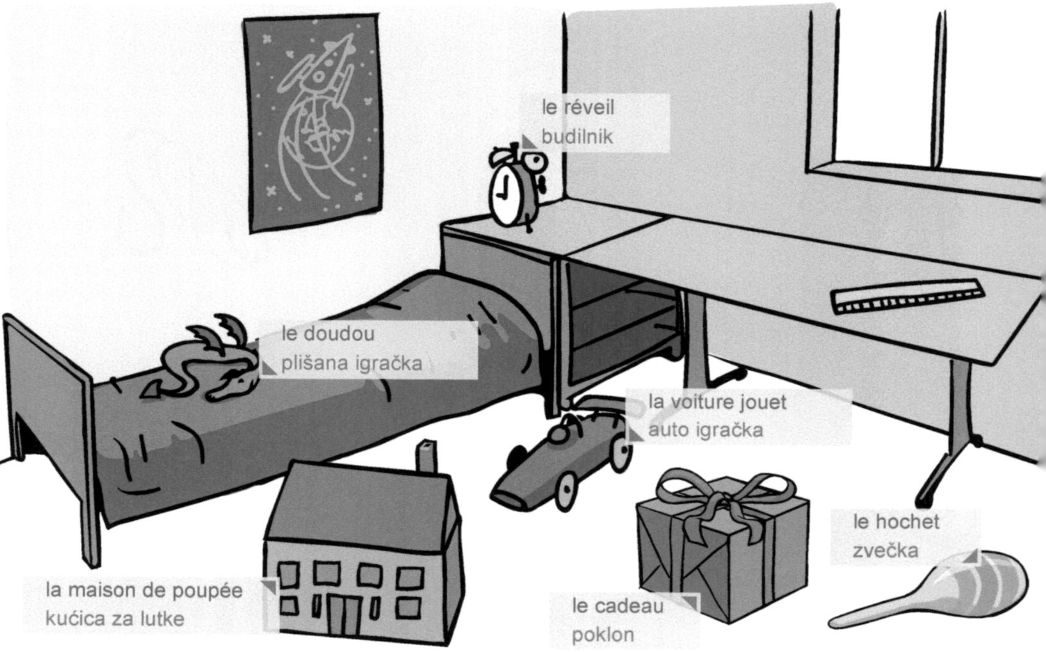

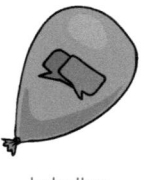

le ballon

balon

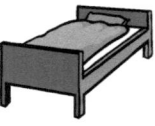

le lit

krevet

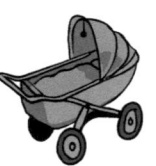

la poussette

dječija kolica

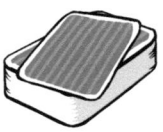

le jeu de cartes

igra s kartama

le puzzle

slagalica

SUPER
MEGA

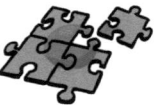

la bande dessinée

strip

les pièces lego

lego kockice

les blocs de construction

kockice za slaganje

la figurine

akcioni junak

la grenouillère

kombinezon za bebe

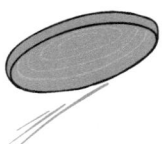

le frisbee

frizbi

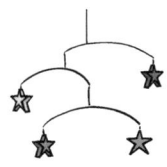

le mobile

viseće igračke

le jeu de société

društvene igre

le dé

kocka

le train miniature

minijaturna željeznica

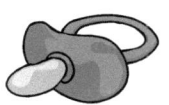

la sucette

duda

la fête

tulum

le livre d'images

slikovnica

la balle

lopta

la poupée

lutka

jouer

igrati

la chambre d'enfant - dječija soba

43

le bac à sable
pješčanik

la balançoire
ljuljačka

les jouets
igračka

la console de jeu
konzola za igre

le tricycle
tricikl

l'ours en peluche
plišani medo

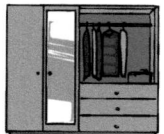

l'armoire
ormar

les vêtements

odjeća

les chaussettes
kratke čarape

les bas
čarape

le collant
hulahopke

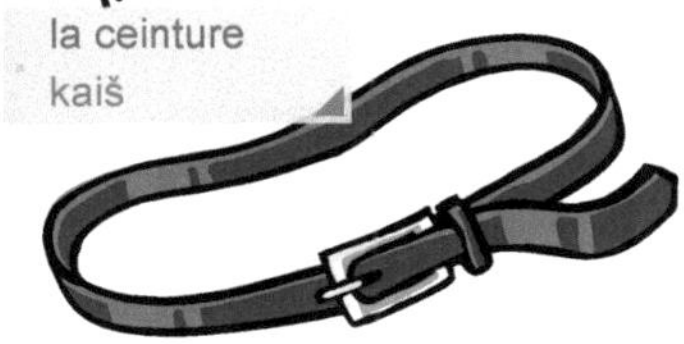

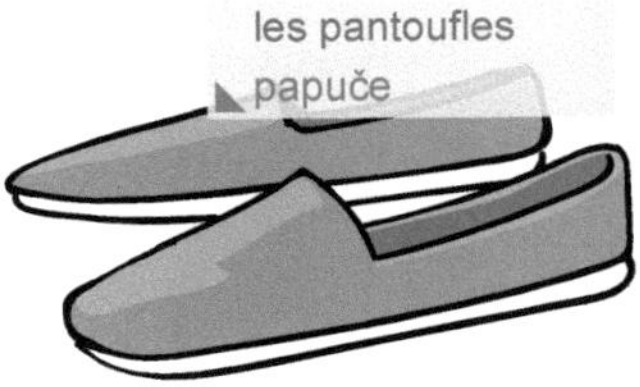

l'écharpe
šal

le parapluie
kišobran

la ceinture
kaiš

le t-shirt
t-shirt

les bottes
čizme

les pantoufles
papuče

les baskets
patike

les sandales
....
sandale

les chaussures
....
cipele

les bottes de caoutchouc
....
gumene čizme

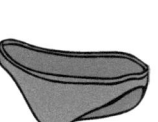

les sous-vêtements
....
gaćice

le soutien-gorge
....
grudnjak

le maillot de corps
....
potkošulja

les vêtements - odjeća

le body

bodi

le pantalon

hlače

le jean

džins

la jupe

haljina

le chemisier

bluza

la chemise

košulja

le pull

džemper

le sweat à capuche

pulover s kapuljačom

la veste

blejzer

la veste

jakna

le manteau

kaput

l'imperméable

kabanica

le costume

kostim

la robe

haljina

la robe de mariée

vjenčanica

le costume

odijelo

la chemise de nuit

spavaćica

le pyjama

pidžama

le sari

sari

le foulard

rubac

le turban

turban

la burqa

burka

le caftan

kaftan

l'abaya

abaja

le maillot de bain

kupaći kostim

le maillot de bain

kupaće gaćice

le short

kratke hlače

la tenue d'entraînement

odjeća za trening

le tablier

pregača

les gants

rukavice

le bouton

gumb

les lunettes

naočale

le bracelet

narukvica

le collier

ogrlica

la bague

prsten

la boucle d'oreille

naušnica

le bonnet

kapa

le cintre

vješalica

le chapeau

šešir

la cravate

kravata

la fermeture éclair

patent zatvarač

le casque

kaciga

les bretelles

naramenice

l'uniforme scolaire

školska uniforma

l'uniforme

uniforma

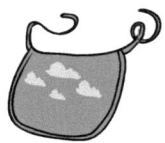

le bavoir

podbradak

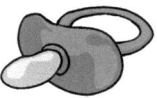

la sucette

duda

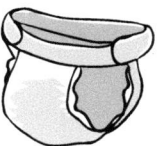

la lange

pelena

le bureau
ured

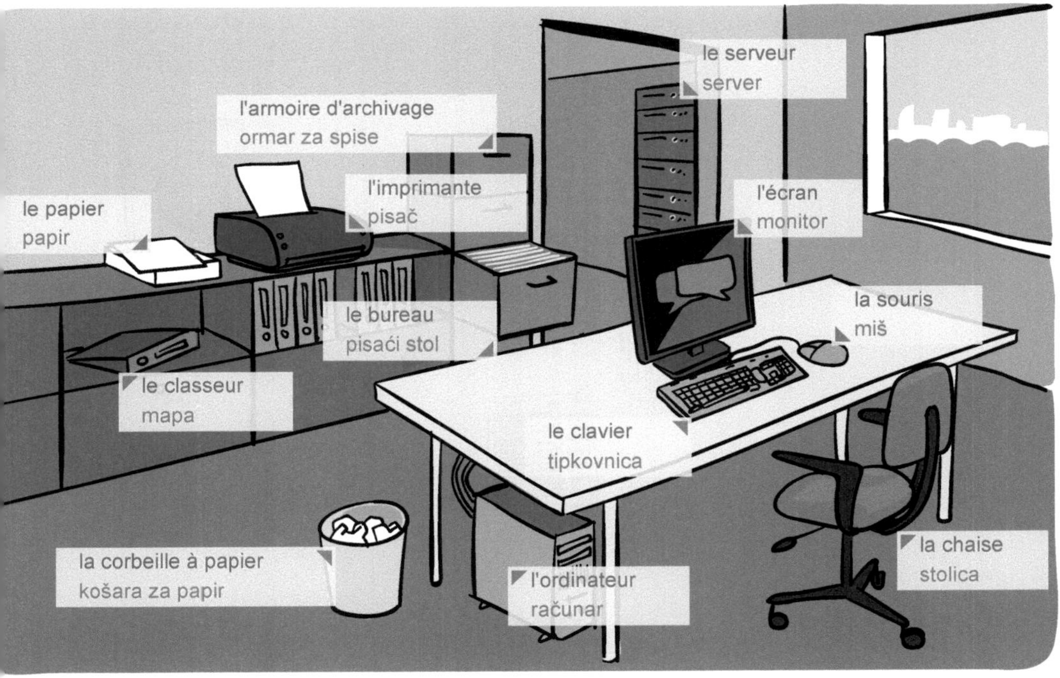
le serveur
server
l'armoire d'archivage
ormar za spise
l'imprimante
pisač
l'écran
monitor
le papier
papir
la souris
miš
le bureau
pisaći stol
le classeur
mapa
le clavier
tipkovnica
la corbeille à papier
košara za papir
la chaise
stolica
l'ordinateur
računar

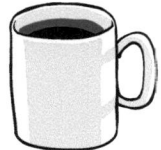

la tasse de café

šalica za kavu

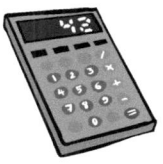

la calculatrice

kalkulator

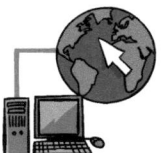

l'internet

internet

l'ordinateur portable
laptop

la lettre
pismo

le message
poruka

le portable
mobilni telefon

le réseau
mreža

la photocopieuse
uređaj za kopiranje

le logiciel
softver

le téléphone
telefon

la prise
utičnica

le fax
faks

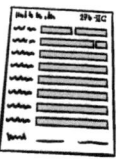

le formulaire
obrazac

le document
dokument

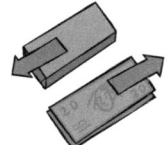

acheter

kupovati

payer

platiti

faire du commerce

trgovati

la monnaie

novac

le dollar

dolar

l'euro

euro

le yen

jen

le rouble

rubalj

le franc suisse

švicarski franak

le renminbi yuar

renmindbi yuan

la roupie

rupija

le distributeur automatique

automat za novac

le bureau de change

mjenjačnica

l'or

zlato

l'argent

srebro

le pétrole

nafta

l'énergie

energija

le prix

cijena

le contrat

ugovor

la taxe

porez

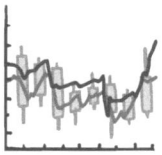

l'action

dionica

travailler

raditi

l'employé

službenik

l'employeur

poslodavac

l'usine

tvornica

le magasin

prodavaonica

l'économie - gospodarstvo

l'agent de police
policajac

le pompier
vatrogasac

le cuisinier
kuhar

le médecin
liječnik

le pilote
pilot

le jardinier
vrtlar

le menuisier
stolar

la couturière
krojačica

le juge
sudija

le chimiste
kemičar

l'acteur
glumac

le conducteur de bus

vozač autobusa

le chauffeur de taxi

vozač taksija

le pêcheur

ribar

la femme de ménage

čistačica

le couvreur

krovopokrivač

le serveur

konobar

le chasseur

lovac

le peintre

slikar

le boulanger

pekar

l'électricien

električar

l'ouvrier

građevinski radnik

l'ingénieur

inženjer

le boucher

mesar

le plombier

limar

le facteur

poštar

le soldat

vojnik

l'architecte

arhitekta

le caissier

blagajnik

le fleuriste

cvjećar

le coiffeur

frizer

le contrôleur

kondukter

le mécanicien

mehaničar

le capitaine

kapetan

le dentiste

zubar

le scientifique

znanstvenik

le rabbin

rabi

l'imam

imam

le moine

monah

le prêtre

svećenik

les outils
alati

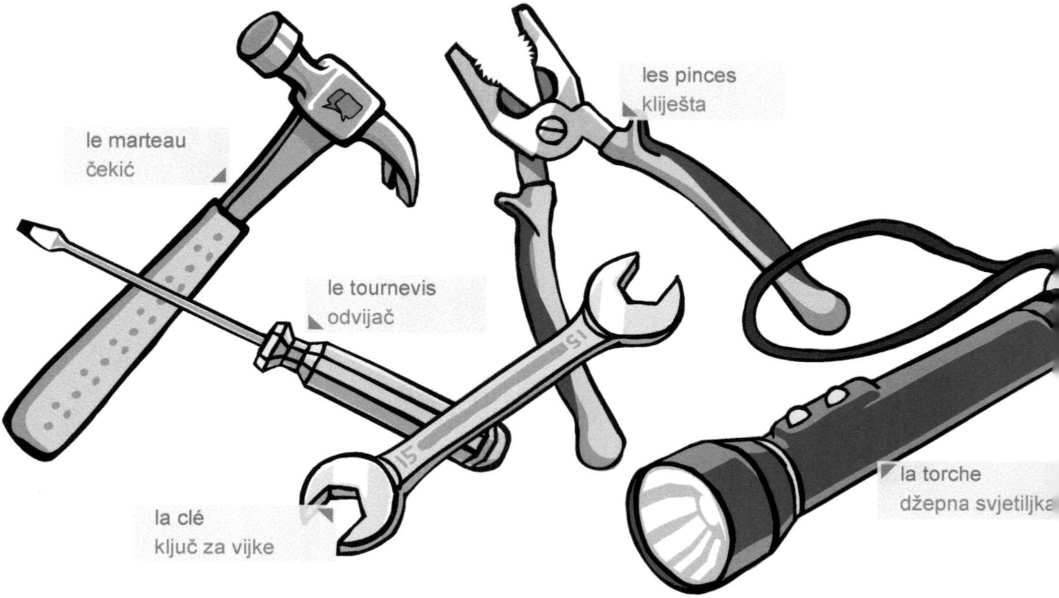
le marteau
čekić
les pinces
kliješta
le tournevis
odvijač
la clé
ključ za vijke
la torche
džepna svjetiljka

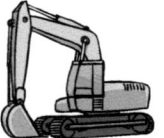

la pelleteuse

rovokopač

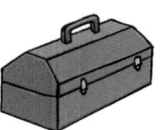

la boîte à outils

kutija za alat

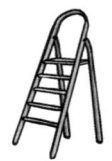

l'échelle

ljestve

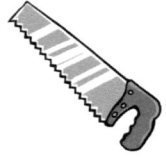

la scie

pila

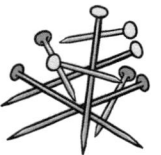

les clous

ekser

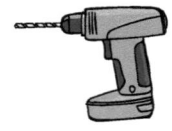

la perceuse

bušilica

réparer

popraviti

la pelle

lopata

Mince !

Sranje!

la pelle

lopatica

le pot de peinture

lonac za boju

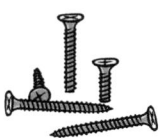

les vis

vijci

les instruments de musique
glazbeni instrument

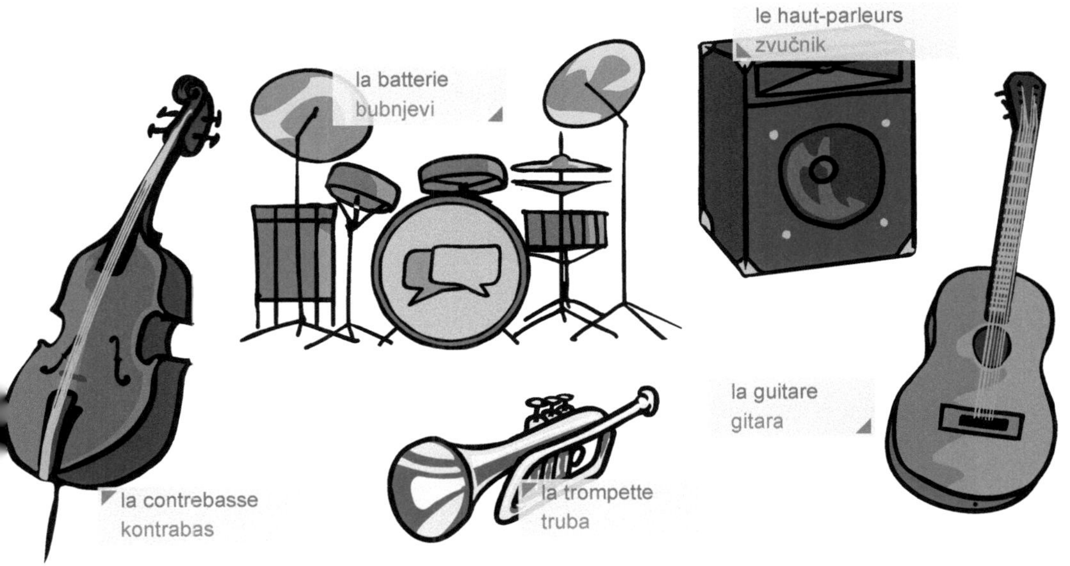

la batterie
bubnjevi

le haut-parleurs
zvučnik

la guitare
gitara

la contrebasse
kontrabas

la trompette
truba

le piano

klavir

le violon

violina

la basse

bas

les timbales

timpani

le tambour

udaraljke za bubnjeve

le piano électrique

keyboard

le saxophone

saksofon

la flûte

flauta

le microphone

mikrofon

le zoo

zoološki vrt

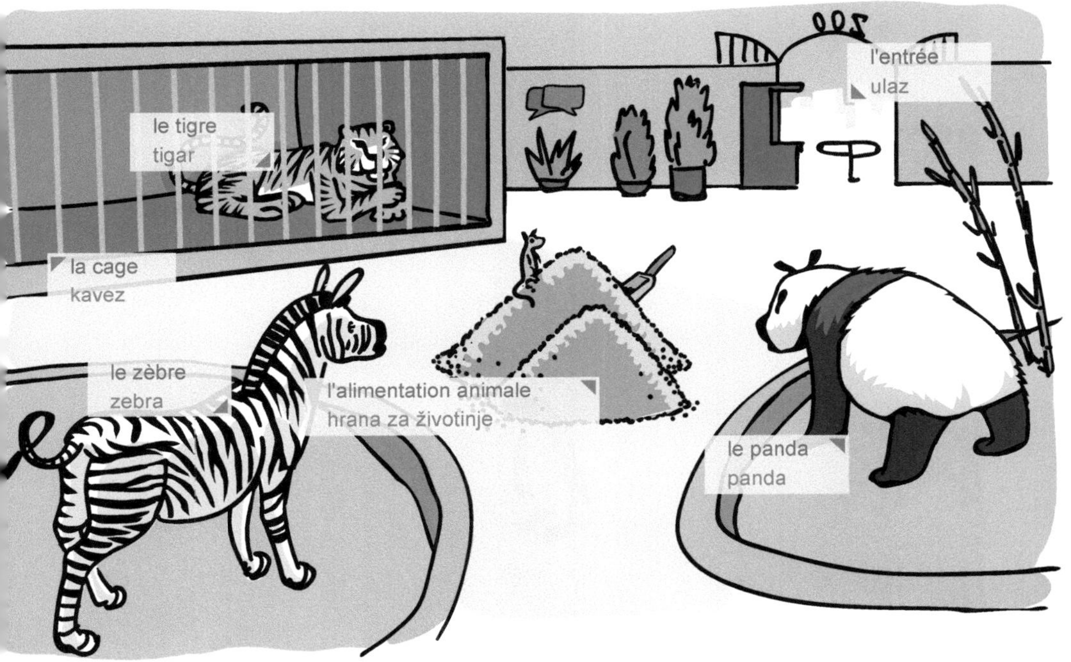

l'entrée
ulaz
le tigre
tigar
la cage
kavez
le zèbre
zebra
l'alimentation animale
hrana za životinje
le panda
panda

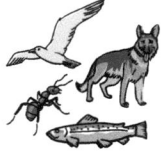

les animaux

životinje

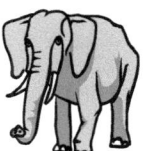

l'éléphant

slon

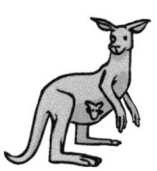

le kangourou

kengur

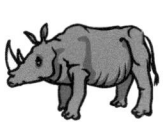

le rhinocéros

nosorog

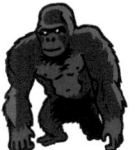

le gorille

gorila

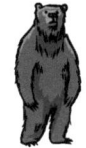

l'ours

medvjed

le chameau

kamila

l'autruche

noj

le lion

lav

le singe

majmun

le flamand rose

flamingo

le perroquet

papagaj

l'ours polaire

polarni medvjed

le pingouin

pingvin

le requin

ajkula

le paon

paun

le serpent

zmija

le crocodile

krokodil

le gardien de zoo

čuvar u zoološkom vrtu

le phoque

tuljan

le jaguar

jaguar

le poney

poni

le léopard

leopard

l'hippopotame

nilski konj

la girafe

žirafa

l'aigle

orao

le sanglier

divlja svinja

le poisson

riba

la tortue

kornjača

le morse

morž

le renard

lisica

la gazelle

gazela

l'american Football
američki nogomet

le cyclisme
biciklizam

le tennis
tenis

le basket-ball
košarka

la natation
plivanje

la boxe
boks

le hockey sur glace
hockey na ledu

le football
nogomet

le badminton
badminton

l'athlétisme
atletika

le handball
rukomet

le ski
skijanje

le polo
polo

les activités
aktivnosti

rire
smijati se
sauter
skočiti
embrasser
zagrliti
marcher
ići
chanter
pjevati
rêver
sanjati
prier
moliti se
faire la bise
poljubiti

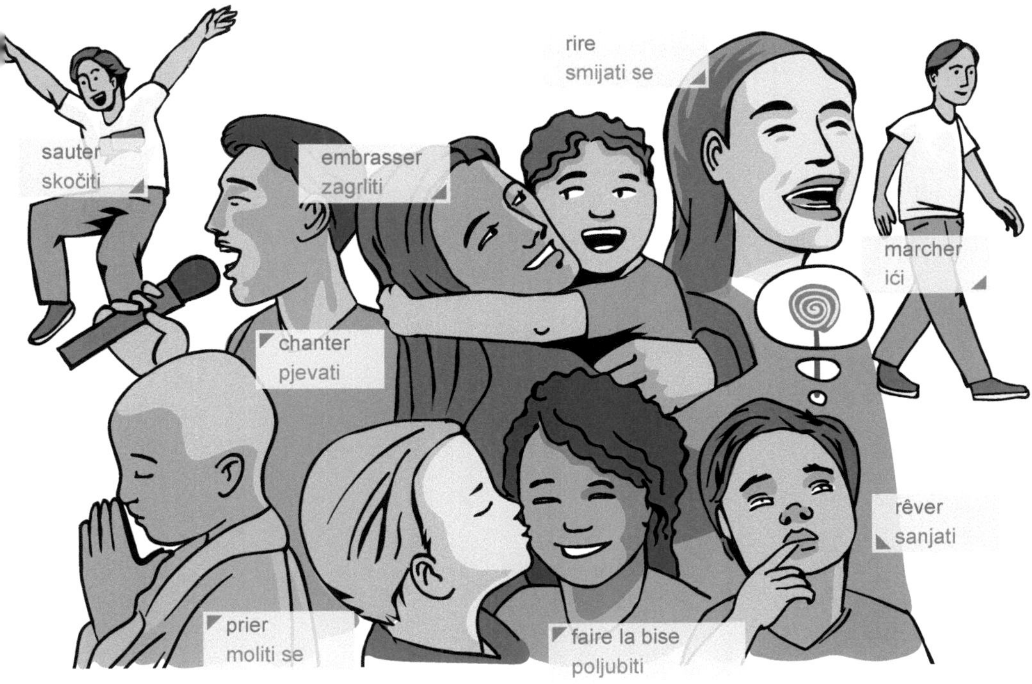

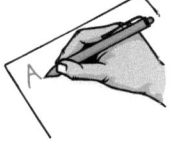

écrire

pisati

dessiner

crtati

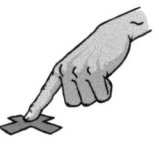

montrer

pokazati

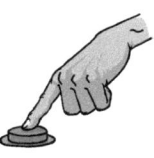

pousser

gurati

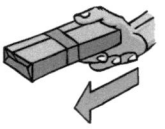

donner

dati

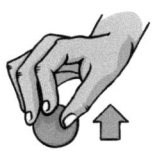

prendre

uzeti

avoir

imati

faire

činiti

être

biti

être debout

stojati

courir

trčati

trier

povlačiti

jeter

baciti

tomber

padati

être couché

ležati

attendre

čekati

porter

nositi

être assis

sjediti

s'habiller

oblačiti

dormir

spavati

se réveiller

probuditi se

regarder

gledati

pleurer

plakati

caresser

milovati

peigner

češljati

parler

govoriti

comprendre

razumjeti

demander

pitati

écouter

slušati

boire

piti

manger

jesti

ranger

pospremiti

aimer

voljeti

cuire

kuhati

conduire

voziti

voler

letjeti

les activités - aktivnosti

faire de la voile

ploviti

calculer

računati

lire

čitati

apprendre

učiti

travailler

raditi

se marier

vjenčati se

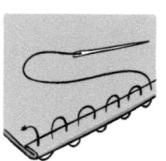

coudre

šiti

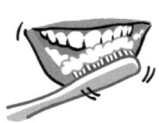

brosser les dents

prati zube

tuer

ubiti

fumer

pušiti

envoyer

poslati

la famille

obitelj

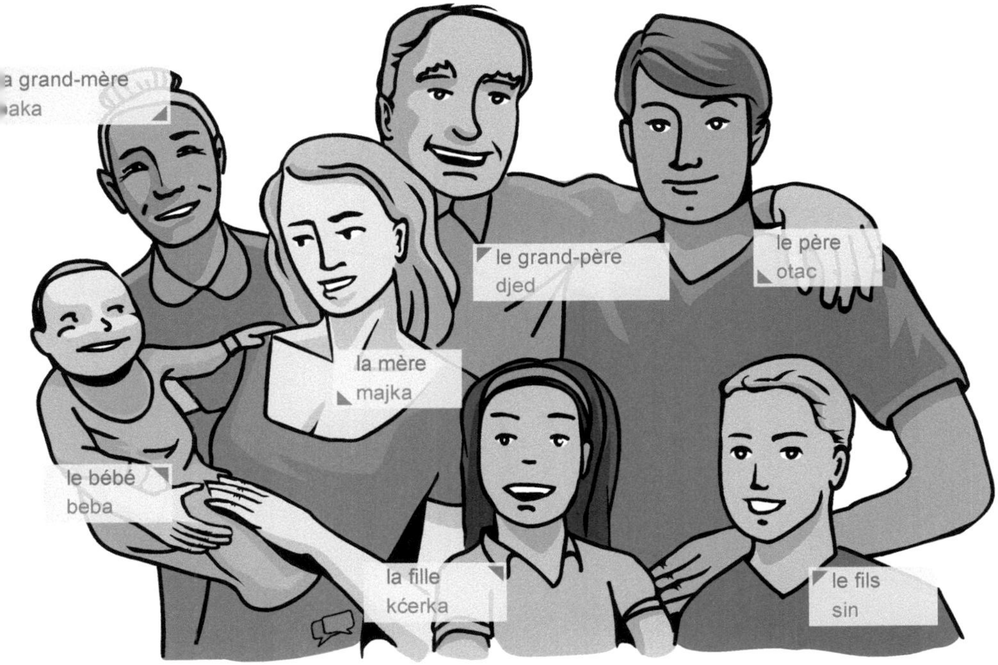

a grand-mère
aka
le grand-père
djed
le père
otac
la mère
majka
le bébé
beba
la fille
kćerka
le fils
sin

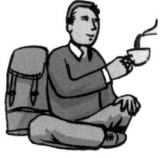

l'hôte

gost

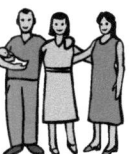

la tante

tetka

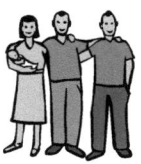

l'oncle

ujak, stric

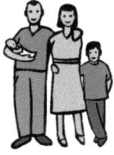

le frère

brat

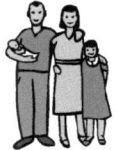

la sœur

sestra

le corps
tijelo

le front
čelo
l'œil
oko
l'épaule
rame
le doigt
prst
le visage
lice
le menton
brada
la main
ruka
la jambe
noga
la poitrine
grudi
le bras
ruka

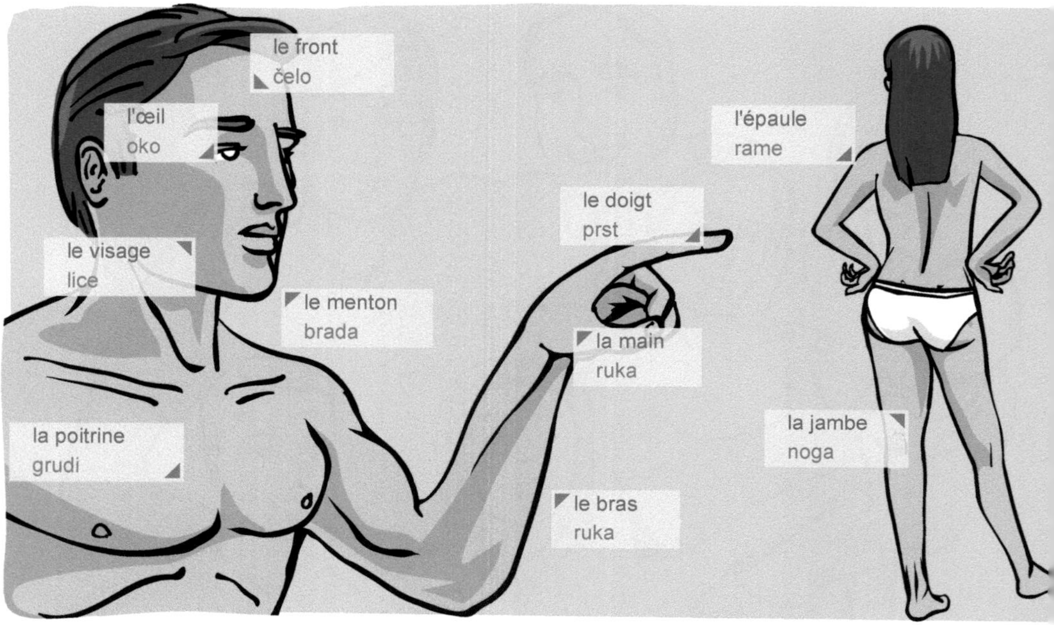

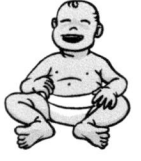

le bébé
beba

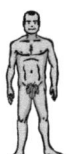

l'homme
muškarac

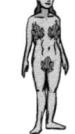

la femme
žena

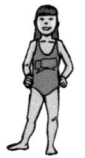

la fille
djevojčica

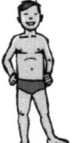

le garçon
dječak

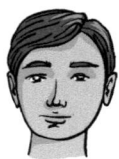

la tête
glava

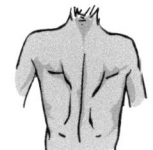

le dos

leđa

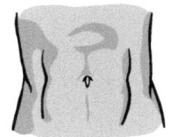

le ventre

trbuh

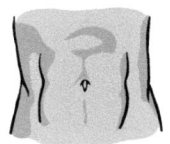

le nombril

pupak

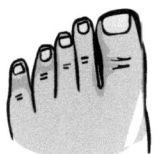

l'orteil

nožni prst

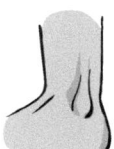

le talon

peta

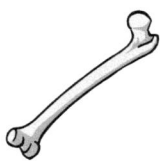

l'os

kost

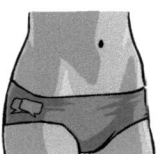

la hanche

kuk

le genou

koljeno

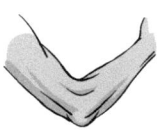

le coude

lakat

le nez

nos

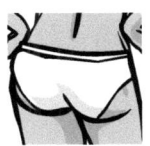

les fesses

stražnjica

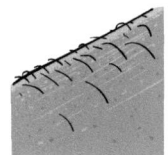

la peau

koža

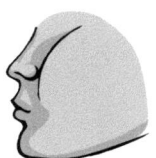

la joue

obraz

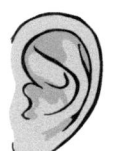

l'oreille

uho

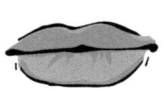

la lèvre

usna

le corps - tijelo

la bouche
usta

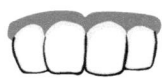

la dent
zub

la langue
jezik

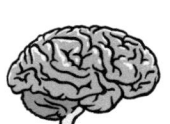

le cerveau
mozak

le cœur
srce

le muscle
mišić

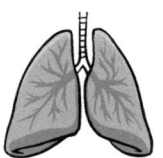

les poumons
pluća

le foie
jetra

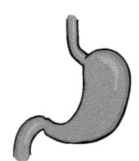

l'estomac
želudac

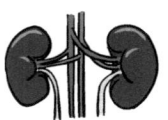

les reins
bubrezi

le rapport sexuel
snošaj

le préservatif
kondom

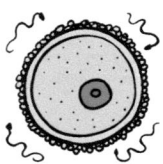

l'ovule
jajna stanica

le sperme
sperma

la grossesse
trudnoća

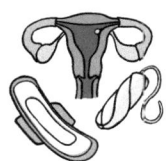

la menstruation

menstruacija

le vagin

vagina

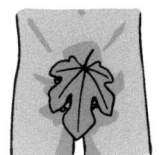

le pénis

penis

le sourcil

obrva

les cheveux

kosa

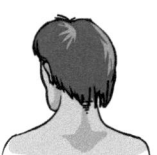

le cou

vrat

l'hôpital

bolnica

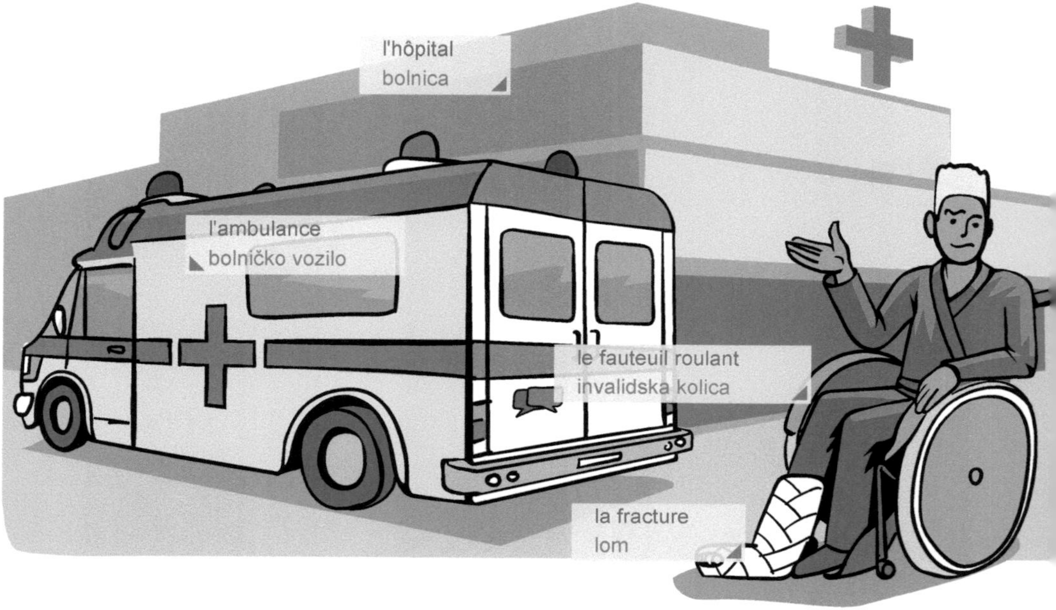

l'hôpital
bolnica
l'ambulance
bolničko vozilo
le fauteuil roulant
invalidska kolica
la fracture
lom

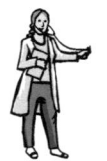

le médecin

liječnik

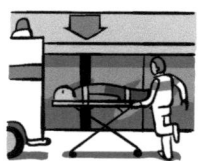

le service des urgences

hitna medicinska služba

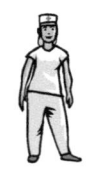

l'infirmière

medicinska sestra

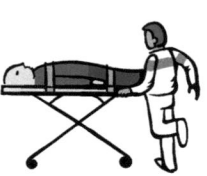

l'urgence

hitni slučaj

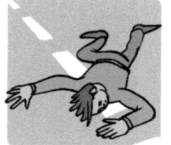

inconscient

nesvijest

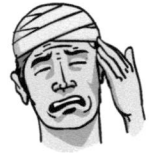

la douleur

bol

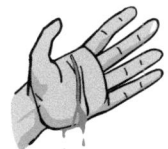

la blessure
ozljeda

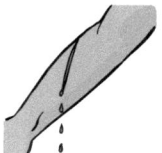

l'hémorragie
krvarenje

la crise cardiaque
srćani infarkt

l'attaque cérébrale
moždani udar

l'allergie
alergija

la toux
kašalj

la fièvre
groznica

la grippe
gripa

la diarrhée
proljev

le mal de tête
glavobolja

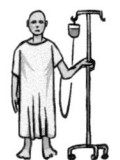

le cancer
rak

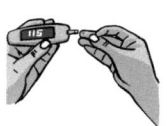

le diabète
dijabetes

le chirurgien
kirurg

le scalpel
skalpel

l'opération
operacija

le CT

ct

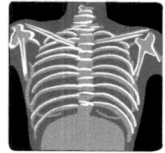

la radiographie

rentgen

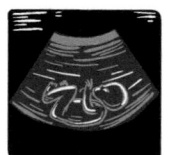

l'échographie

ultrazvuk

le masque

maska

la maladie

bolest

la salle d'attente

čekaonica

la béquille

štaka

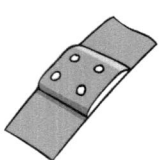

le pansement

flaster

le pansement

zavoj

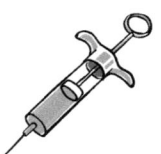

l'injection

injekcija

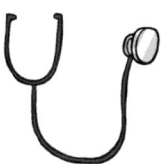

le stéthoscope

stetoskop

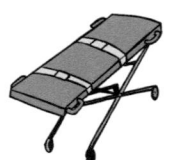

le brancard

nosilo

le thermomètre

termometar

l'accouchement

rođenje

la surcharge pondérale

prekomjerna težina

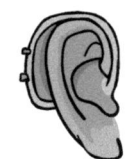

l'appareil auditif

slušni aparat

le désinfectant

sredstvo za dezinfekciju

l'infection

infekcija

le virus

virus

le VIH / le sida

hiv / sida

le médicament

medicina

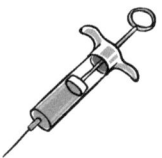

la vaccination

vakcinacija

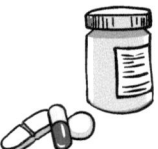

les comprimés

tablete

la pilule

pilula

l'appel d'urgence

poziv u pomoć

le tensiomètre

uređaj za mjerenje tlaka

malade / sain

bolesno / zdravo

Au secours !

pomoć!

l'assaut

nasrtaj

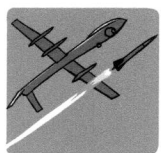

l'attaque

napad

le danger

opasnost

la sortie de secours

izlaz za nuždu

Au feu!

požar!

l'alarme

alarm

l'extincteur

vatrogasni aparat

l'accident

nezgoda

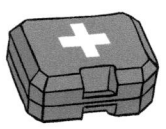

la trousse de premier secours

kofer prve pomoći

SOS

sos

la police

policija

l'Europe

Europa

l'Amérique du Nord

sjeverna amerika

l'Amérique du Sud

južna amerika

l'Afrique

Afrika

l'Asie

Azija

l'Australie

Australija

l'Océan atlantique

Atlantik

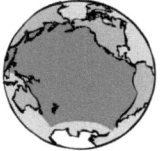

l'Océan pacifique

Pacifik

l'Océan indien

ocean

l'Océan antarctique

antarktički ocean

l'Océan arctique

arktički ocean

le Pôle nord

sjeverni pol

le Pôle sud

južni pol

l'Antarctique

Antarktik

la terre

zemlja

le pays

zemlja

la mer

more

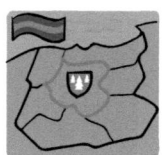

l'île

otok

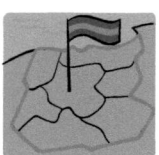

la nation

nacija

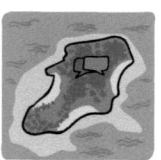

l'état

država

le cadran

brojčanik sata

l'aiguille des heures

satna kazaljka

l'aiguille des minutes

minutna kazaljka

l'aiguille des secondes

sekundna kazaljka

Quelle heure est-il ?

Koliko je sati?

le jour

dan

le temps

vrijeme

maintenant

sada

la montre digitale

digitalni sat

la minute

minuta

l'heure

sat

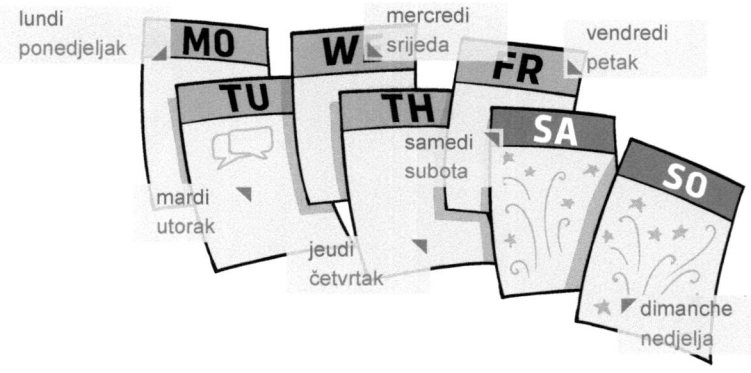

lundi
ponedjeljak

mercredi
srijeda

vendredi
petak

mardi
utorak

jeudi
četvrtak

samedi
subota

dimanche
nedjelja

hier

jučer

aujourd'hui

danas

demain

sutra

le matin

jutro

le midi

podne

le soir

večer

MO	TU	WE	TH	FR	SA	SU
1	2	3	4	5	6	7
8	9	10	11	12	13	14
15	16	17	18	19	20	21
22	23	24	25	26	27	28
29	30	31	1	2	3	4

les jours ouvrables

radni dani

MO	TU	WE	TH	FR	SA	SU
1	2	3	4	5	6	7
8	9	10	11	12	13	14
15	16	17	18	19	20	21
22	23	24	25	26	27	28
29	30	31	1	2	3	4

le week-end

vikend

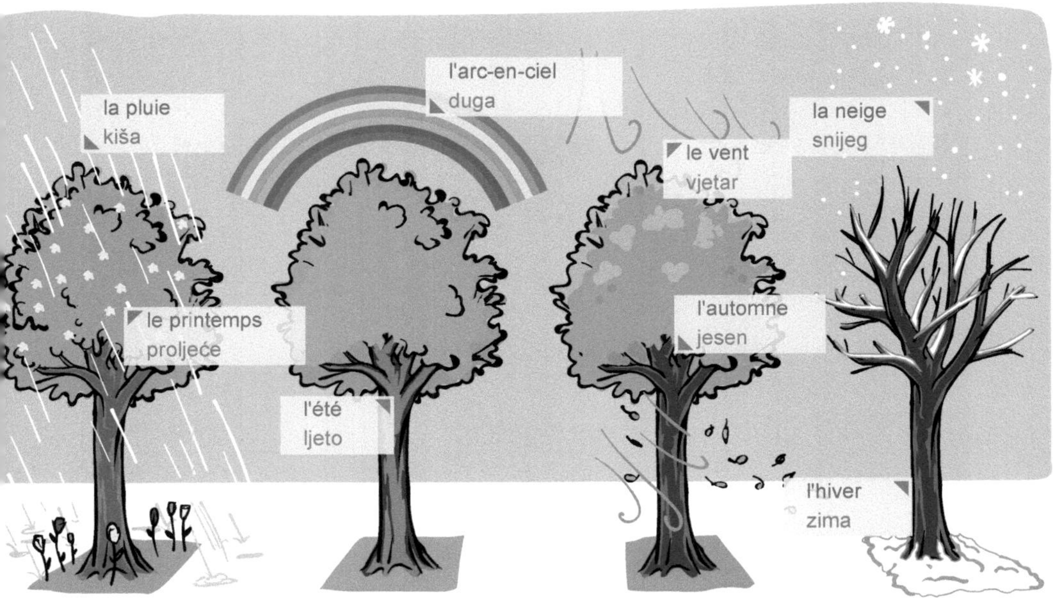

la pluie
kiša
l'arc-en-ciel
duga
la neige
snijeg
le vent
vjetar
le printemps
proljeće
l'automne
jesen
l'été
ljeto
l'hiver
zima

4.APRIL 11°
5.APRIL 4°
6.APRIL 13°
7.APRIL 8°
8.APRIL 10°

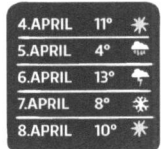

la météo

meteorološka prognoza

F C
120 40
90 30
60 20
30 10
0 0
-30 -10
-20

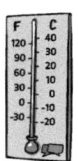

le thermomètre

termometar

la lumière du soleil

sunčana svjetlost

le nuage

oblak

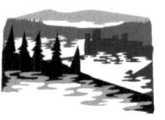

le brouillard

magla

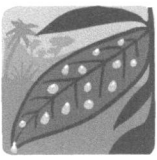

l'humidité

vlažnost zraka

la foudre

munja

la tonnerre

grmljavina

la tempête

oluja

la grêle

tuča

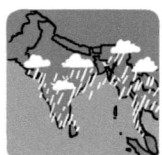

la mousson

monsun

l'inondation

poplava

la glace

led

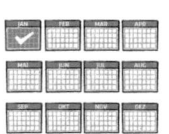

janvier

siječanj

février

veljača

mars

ožujak

avril

travanj

mai

svibanj

juin

lipanj

juillet

srpanj

août

kolovoz

septembre
....
rujan

octobre
....
listopad

novembre
....
studeni

décembre
....
prosinac

les formes
oblici

le cercle
....
krug

le carré
....
kvadrat

le rectangle
....
pravokutnik

le triangle
....
trokut

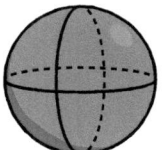

la sphère
....
kugla

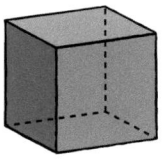

le cube
....
kocka

blanc

bijela

jaune

žuta

orange

narančasta

rose

ružičasta

rouge

crvena

violet

ljubičasta

bleu

plava

vert

zelena

marron

smeđa

gris

siva

noir

crna

beaucoup / peu

mnogo / malo

fâché / calme

ljutito / mirno

joli / laid

lijepo / ružno

le début / la fin

početak / kraj

grand / petit

veliko / maleno

clair / obscure

svijetlo / tamno

frère / soeur

brat / sestra

propre / sale

čisto / prljavo

complet / incomplet

potpuno / nepotpuno

le jour / la nuit

dan / noć

mort / vivant

mrtvo / živo

large / étroit

široko / usko

comestible / incomestible

jestivo / nejestivo

méchant / gentil

zlo / dobro

excité / ennuyé

uzbuđeno / dosadno

gros / mince

debelo / mršavo

le premier / le dernier

na početku / na kraju

l'ami / l'ennemi

prijatelj / neprijatelj

plein / vide

puno / prazno

dur / souple

tvrdo / mekano

lourd / léger

teško / lagano

faim / soif

glad / žeđ

malade / sain

bolesno / zdravo

illégal / légal

ilegalno / legalno

intelligent / stupide

pametno / glupo

gauche / droite

lijevo / desno

proche / loin

blizu / daleko

nouveau / usé
novo / rabljeno

rien / quelque chose
ništa / nešto

vieux / jeune
staro / mlado

marche / arrêt
uključeno / isključeno

ouvert / fermé
otvoreno / zatvoreno

faible / fort
tiho / glasno

riche / pauvre
bogato / siromašno

correct / incorrect
točno / pogrešno

rugueux / lisse
hrapavo / glatko

triste / heureux
tužno / sretno

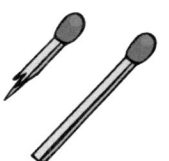

court / long
kratko / dugo

lent / rapide
polako / brzo

mouillé / sec
mokro / suho

chaud / froid
toplo / hladno

la guerre / la paix
rat / mir

brojevi

0

zéro
nula

1

un / une
jedan

2

deux
dva

3

trois
tri

4

quatre
četiri

5

cinq
pet

6

six
šest

7

sept
sedam

8

huit
osam

9

neuf
devet

10

dix
deset

11

onze
jedanaest

12

douze
dvanaest

13

treize
trinaest

14

quatorze
četrnaest

15

quinze
petnaest

16

seize
šestnaest

17

dix-sept
sedamnaest

18

dix-huit
osamnaest

19

dix-neuf
devetnaest

20

vingt
dvadeset

100

cent
stotinu

1.000

mille
tisuću

1.000.000

le million
milijun

l'anglais

engleski

l'anglais américain

američko engleski

le chinois mandarin

kinesko mandarinski

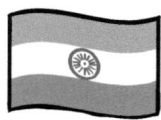

le hindi

hindi

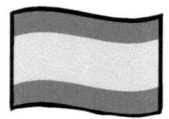

l'espagnol

španjolski

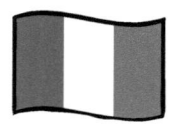

le français

francuski

l'arabe

arapski

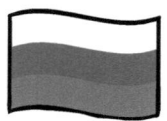

le russe

ruski

le portugais

portugalski

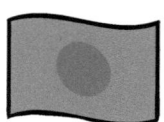

le bengali

bengalski

l'allemand

njemački

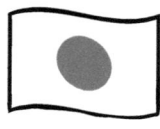

le japonais

japanski

je

ja

tu

ti

il / elle / ce, c', cela

on / ona / ono

nous

mi

vous

vi

ils / elles

oni

Qui ?

tko?

Quoi ?

što?

Comment ?

kako?

Où ?

gdje?

Quand ?

kada?

le nom

ime

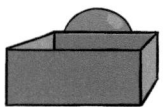

derrière

iza

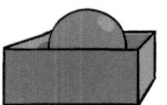

dans

u

devant

ispred

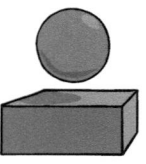

au-dessus

preko

sur

na

en-dessous

ispod

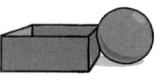

à côté de

pored

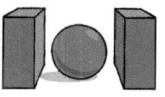

entre

između

le lieu

mjesto